Agenda 2

M000315029

(2021-2050)

Crise Econômica e Hiperinflação, Escassez de Combustível e Alimentos, Guerras Mundiais e Ataques Cibernéticos

(O Grande Reset e o Futuro Techno-Fascista Explicado)

Rebel Press Media

Isenção de responsabilidade

Nossos outros livros

Confira nossos outros livros para outras notícias não relatadas, fatos expostos e verdades desmascaradas, e muito mais.

Junte-se ao exclusivo Rebel Press Media Circle!

Você receberá uma nova atualização sobre a realidade não relatada, entregue em sua caixa de entrada todas as sextas-feiras.

Inscreva-se aqui hoje:

https://campsite.bio/rebelpressmedia

Introdução

"A menos que algo mude drasticamente, o mundo sem dúvida testemunhará o primeiro conflito nuclear na década de 2020".

O "Grande Reposicionamento" foi planejado para estender o atual sistema decadente, mas falhará" - populações americanas, alemãs e britânicas substancialmente exterminadas até 2025, riquezas que se foram - "O Ocidente procura instigar o conflito com a Rússia para manter a própria hegemonia, mas falhará".

Anos atrás, fomos atraídos pelas previsões pessimistas do Deagel.com, um site privado de inteligência geopolítica e militar que se baseia em números oficiais, relatórios e documentos da CIA, do Departamento de Defesa dos EUA, do Banco Mundial, do Fórum Econômico Mundial, da UE, do FMI e de quase todos os outros órgãos e organizações internacionais confiáveis, entre outros. Nada parece ter mudado desde a atualização de setembro de 2020: o Ocidente ainda está em colapso total em 2025, enquanto a intensidade do golpe varia de país para país.

Os Estados Unidos, o Reino Unido e a Alemanha serão particularmente atingidos, enquanto os Países Baixos e a Finlândia serão poupados. No entanto, Deagel estima que aproximadamente 1 milhão de pessoas perecerá em nosso país.

Deagel previu em 2014 que o bloco ocidental de ambos os lados do Atlântico entraria em colapso até 2025 como resultado da impressão irrestrita do dinheiro e da dívida. Esse destino continua a ser inevitável. Além disso, a crise da Corona demonstrou que "o modelo de sucesso do mundo ocidental está baseado em civilizações sem resiliência, que mal podem suportar qualquer adversidade, mesmo de pouca intensidade". Isto é algo que assumimos, e agora temos provas inequívocas".

O Grande Reset é um método para prolongar temporariamente a vida útil de um sistema que está morrendo.

Através da chamada Grande Reposição, que, como a mudança climática, o levante da extinção, a crise planetária, a "revolução verde" e os embustes de óleo de xisto, é propagada pelo estabelecimento, a crise da Covid será utilizada para prolongar a vida deste sistema econômico fracassado".

Se você quiser saber mais sobre os objetivos exatos e o futuro previsto do grande reset, consulte nossos outros livros sobre o assunto, você pode encontrá-los sob o nome de nossa editora "Rebel Press Media" em todos os principais revendedores de livros.

Tudo sobre o "Grande Reposicionamento", incluindo os bloqueios corona e a aniquilação proposital da hospitalidade, do turismo e da maioria do setor das PMEs, tem como objetivo reverter rapidamente a economia de gastos para que possamos continuar mais ou menos na mesma base por mais alguns anos. "Isso pode funcionar por um tempo, mas não curará a questão básica e apenas adiará o inevitável". A elite governante só quer permanecer no poder, que é tudo o que importa para eles'.

"Covid demonstrou que o Ocidente é incapaz de lidar com a adversidade".

Através de uma convergência de problemas, o colapso do sistema bancário ocidental - e finalmente da civilização ocidental - é o elemento fundamental da profecia, e tem um fim desastroso". Covid demonstrou que a diversidade e o liberalismo radical tornaram as civilizações ocidentais incapazes de lidar com a adversidade real".

Deagel usa a pandemia de gripe espanhola de quase um século atrás como ilustração. Ela matou entre 40 e 50 milhões de pessoas. Agora, como a população mundial é quatro vezes maior, a coroa teria matado pelo menos 160 a 200 milhões de pessoas se tivesse sido igualmente terrível (dado o globalismo e as viagens aéreas intensivas, o dobro é mais provável). No entanto, o número de mortes (possivelmente exagerado artificialmente) é agora de 2,9 milhões, ou 0,037% da população mundial, o que equivale a um surto fraco de gripe sazonal.

"As nações mais ricas pagarão o maior preço".

É extremamente provável que a catástrofe econômica global causada pelos lockdowns mate mais pessoas do que o vírus", afirma Deagel. A dura realidade da diversificada e variada sociedade ocidental é que um colapso terá um impacto de 50% a 80%, dependendo de inúmeras condições" (da população). De modo geral, os mais diversos, multiculturais e endividados estados sociais (com os mais altos padrões de vida) pagarão o preço mais alto".

Somente o "excesso de consumo", com enormes doses de degeneração sem limites embaladas como virtude, mantém nossa estranha e errada cultura ocidental unida como "cola". A 'legislação do ódio' e os sinais contraditórios sugerem que, apesar da considerável censura, esta cola não é mais eficaz. No entanto, nem todos têm que morrer; a migração também pode ser benéfica".

Os analistas prevêem que os países do Segundo e Terceiro Mundos que se apegam à "Antiga Ordem Mundial" cairão na linha do Ocidente. Entretanto, como estes países são mais pobres, o impacto será muito mais brando. Além disso, estas são frequentemente civilizações ainda homogêneas (coesas), que historicamente têm sido significativamente mais resistentes a grandes crises sistêmicas ou outros desastres. Os países que olham para a China têm a melhor chance de recuperar rapidamente a estabilidade.

A Terceira Guerra Mundial é o "evento mais provável na década de 2020", segundo especialistas.

A Rússia e a China começaram a desenvolver uma aliança estratégica econômica e militar, apesar da UE se opor durante anos a qualquer reconciliação com a Rússia e até mesmo retratá-la como um inimigo (que substituirá o Ocidente e formará a verdadeira Nova Ordem Mundial). Ao contrário da crença popular no Ocidente, a Rússia e a China já estão muito à frente dos Estados Unidos e da Europa (OTAN) em termos de tecnologia militar em vários setores.

Uma nova grande guerra (mundial) é até chamada de "o mais provável grande evento" nestes 20 anos. O primeiro cenário é uma guerra convencional (como está prestes a eclodir na Ucrânia) escalando para uma guerra nuclear. O segundo cenário é colocado entre 2025 e 2030, e assume um ataque surpresa russo esmagador contra o Ocidente. Para consternação da elite militar ocidental, os russos mostraram na Síria, em 2015, que são capazes de realizar tal ataque com perfeição a uma distância de mais de 2.000 quilômetros.

7

A ironia é que desde o final da Guerra Fria, os EUA colocaram a OTAN em posição de realizar tal "primeira greve" na Rússia, e agora parece que essa primeira greve vai realmente acontecer, mas o país que será acabado são os EUA".

"Os ocidentais são esnobes e enganados".

Outra característica da sociedade ocidental é que seus sujeitos foram submetidos a uma lavagem cerebral a ponto de a maioria ter chegado a aceitar sua superioridade moral e vantagem tecnológica como um dado adquirido". Isto abriu o caminho para que argumentos emocionais triunfassem sobre argumentos intelectuais, que são ignorados ou descartados. Este pensamento poderia desempenhar um grande papel nos desastres iminentes'.

"A menos que algo mude drasticamente, o mundo vivenciará a primeira guerra nuclear".

Começar uma guerra parece ser uma maneira rápida e fácil de recuperar a hegemonia perdida. A França não tinha armas nucleares em 1940, portanto, não podia transformar uma derrota em uma vitória. Devido ao potencial incômodo de se tornar "o ditador e sua prostituta imunda" que fugiu aterrorizado enquanto o resto do mundo ri deles, o Ocidente pode tentar isso agora.

"A menos que algo mude drasticamente, o mundo sem dúvida testemunhará a primeira guerra nuclear". O desaparecimento do bloco ocidental pode ocorrer antes, durante ou após a guerra. Isso não faz diferença. Uma guerra nuclear é um risco com bilhões de vítimas, e o número estará nas centenas de milhões durante o colapso".

Tabela de Conteúdos

Capítulo 1: Faltam apenas 5 anos?

Grandes ataques terroristas (bandeira falsa), mega-crises financeiras, o surgimento do estado policial e até uma grande epidemia viral foram todos previstos por autores há 23 anos, culminando em uma nova Guerra Mundial - Por que a humanidade se recusa a aprender com o passado?

Os autores William Strauss e Neil Howe demonstraram, usando 500 anos de história ocidental, que a ascensão e o colapso de uma civilização segue certos processos e padrões que não podem ser evitados repetidamente em seu livro The Fourth Turning de 1997. Eles anteciparam que estes princípios históricos levariam ao desaparecimento da civilização ocidental até 2025.

Até e incluindo uma enorme fuga do vírus, as fases e situações detalhadas há 23 anos atrás se revelaram quase arrepiantemente precisas. É possível que os últimos cinco anos de nossa civilização tenham chegado?

Infelizmente, tudo indica que de fato os últimos 5 anos chegaram.

Um conhecido provérbio diz: "A história se repete". Strauss e Howe investigaram como as civilizações antigas e modernas prosperaram, governaram e eventualmente desapareceram. Eles descobriram vários paralelos marcantes, como um ciclo de 80 anos com quatro fases distintas:

1. O período de prosperidade que se segue a uma crise catastrófica. Foi a Segunda Guerra Mundial, em nosso caso. Como uma sociedade, começamos a reconstruir juntos. Todos compartilharam a mesma ambição: fazer um futuro melhor para seus (grandes) filhos e para si mesmos. O moral era bom, e a confiança no governo era alta. Isso resultou em um aumento maciço da prosperidade e do bem-estar do homem comum.

2. Estar atento. Este período começou nos anos 60, quando um número crescente de pessoas começou a desafiar as normas e ideais da ordem existente, assim como seus julgamentos. Tivemos a revolução "psicodélica", bem como manifestações anti-guerra contra guerras que foram ao mesmo tempo mortíferas e fúteis, como o Vietnã. Protestos e movimentos de direitos civis ganharam popularidade.

3. Decomposição. O Ocidente emergiu da grande crise do final dos anos 70 e início dos anos 80 graças à política econômica, financeira e externa do Presidente Ronald Reagan, e entrou numa era de extraordinário crescimento nos anos 90. Em contraste com seu apogeu, esta expansão agora beneficia principalmente "muito dinheiro", Wall Street, bancos, corporações multinacionais, a poderosa elite e apenas alguns poucos cidadãos que tiveram que se contentar com migalhas do boom da riqueza.

Ao mesmo tempo, a sociedade deslocou sua ênfase da comunidade para o indivíduo, resultando nas gerações "autocentradas" e Facebook de hoje, cujas vidas giram principalmente em torno de suas próprias percepções, experiências, sentimentos, contatos e opiniões. A perda de um objetivo comum, exacerbada em parte pelo objetivo de apagar as fronteiras nacionais, sociais, culturais e pessoais, resultou em uma fragmentação generalizada na sociedade e na política, bem como em uma perda generalizada do senso de identidade.

Ao mesmo tempo, a sociedade deslocou sua ênfase da comunidade para o indivíduo, resultando nas gerações "autocentradas" e Facebook de hoje, cujas vidas giram principalmente em torno de suas próprias percepções, experiências, sentimentos, contatos e opiniões. A perda de um objetivo comum, exacerbada em parte pelo objetivo de apagar as fronteiras nacionais, sociais, culturais e pessoais, resultou em uma fragmentação generalizada na sociedade e na política, bem como em uma perda generalizada do senso de identidade. Este vazio provou ser um terreno fértil para a ascensão da religião moderna e sectária da "mudança climática" e de outros grupos extremistas, como a Black Lives Matter.

4. O início de uma crise. Com o início da crise financeira em 2008, teve início a fase final. Os políticos usaram quantidades inimagináveis de dinheiro do contribuinte para socorrer seus amigos bancários e, o mais crucial, eles mesmos e suas próprias crenças políticas, deixando o povo a pagar o custo. Várias decisões foram tomadas contra o desejo da maioria, incluindo a maior integração dos estados membros da UE em um superestado, a formação de um fluxo perpétuo de dinheiro do Norte para o Sul (União de Transferência), e a grande importação de milhões de migrantes do mundo muçulmano, e o desmantelamento gradual de nosso fornecimento estável e barato de alimentos e energia e prosperidade por causa de um problema climático que foi sugado de nossas cabeças.

De crises financeiras a greves terroristas e invasões virais, quase tudo se tornou realidade.

Dê uma olhada nos cinco principais desenvolvimentos e eventos previstos por Strauss e Howe para as fases 3 e 4, que eles acreditam que levarão ao fim de nossa civilização:

1. Derretimentos financeiros e econômicos. O Estado aumenta os impostos, confisca os bens dos residentes e estabelece uma sociedade de controle totalitário. Os cidadãos resistem na fase final (por exemplo, os Oradores Amarelos na França), levando os governos a implantar forças de segurança. O estado de sítio ou algum outro tipo de estado de emergência perpétuo é eventualmente imposto.

2. Um grande ataque terrorista contra uma companhia aérea (quatro anos antes do 11 de setembro) ao qual os Estados Unidos reage com força militar. A polícia e as forças de segurança estão ganhando cada vez mais poder e agora estão autorizadas a regular e prender civis nas ruas e posteriormente em suas casas, sem razão aparente. Mais agressões levantam preocupações com bandeiras falsas, levando a acusações contra o governo.

3. Falha da bolsa de valores. Começando em Wall Street, os bancos ao redor do mundo entram em colapso e os governos são forçados a assumir enormes dívidas às custas da sociedade a fim de "resgatar" estas instituições. (Em 2008, isto aconteceu.) A segunda crise financeira começou na UE em 2015, quando o BCE implementou taxas de juros negativas. A próxima crise financeira "quente", que será utilizada para digitalizar completamente o movimento de dinheiro, deverá ocorrer em 2021).

4. Erupção de vírus. Uma nova doença perigosa está se espalhando rapidamente e será usada para justificar quarentenas em larga escala (lockdowns) e outras políticas autoritárias, roubando aos residentes quase todas as suas liberdades.

5. Conflito armado. A Rússia recupera o controle das antigas repúblicas anárquicas soviéticas (o que não aconteceu) e cria uma parceria estratégica com o Irã (o que também não aconteceu). Confrontos militares em todo o mundo (que ocorreram: Iraque, Afeganistão, Síria, Iêmen, Líbia, Azerbaijão-Armênia, tensões militares China-EUA, China-Japão, China-Índia, Índia-Paquistão, EUA/NATO-Rússia, EUA/Israel/Saudi Arábia-Irã, Turquia-Índia) resultam em guerras brutais, que podem levar à Terceira Guerra Mundial.

O Quarto Ponto de Virada já começou.

Como resultado, o "Quarto Ponto de Virada" nos Estados Unidos e na Europa está bem encaminhado e parece ter chegado a sua conclusão (2020-2025). Há anos, a sociedade vem se tornando mais insegura e violenta. As pessoas se polarizam cada vez mais em campos cada vez mais radicais de "direita" e "esquerda", com a "direita" querendo retornar a um período mais estável e próspero quando ainda tinham uma palavra a dizer no futuro de seus próprios países, e a "esquerda" querendo demolir todas as estruturas existentes, com a imigração em massa, a política climática e a "diversidade" como suas principais armas.

O terror de opinião "politicamente correto" do governo e da grande mídia, que certamente em 2020 funcionará puramente como um "Ministério da Propaganda", garante, enquanto isso, que um grupo cada vez maior de pessoas, preocupadas com os desenvolvimentos e as decisões que são tomadas repetidas vezes, sejam colocadas em um canto e ignoradas e/ou enegrecidas como "racistas de extrema direita" ou "teóricos da conspiração".

Afinal de contas, a política de esquerda aspira a ganhar poder pela violência.

Após a impressionante vitória eleitoral de Donald Trump sobre Hillary Clinton, o candidato do governo sombra do "Estado Profundo", irromperam protestos em massa bem organizados (Antifa, Black Lives Matter), financiados pelo globalista de extrema esquerda George Soros, na esperança de impedir a reeleição de Trump, causando o máximo de caos e violência possível.

A "direita" patriótica da América continua em grande parte silenciosa, mas os analistas acreditam que um número considerável de apoiadores do Trump estão preparados para defender seu presidente, particularmente se os democratas, com a ajuda da mídia que controlam, encenarem um golpe declarando Joe Biden o vencedor após 3 de novembro, mesmo que o Trump tivesse conquistado uma vitória maciça. Confrontos violentos são inevitáveis, e alguns analistas estão até mesmo prevendo uma nova guerra civil e a provável divisão dos Estados Unidos em muitas seções. Isto terá implicações de longo alcance também para a Europa.

É a moral, não a tecnologia, que define a civilização.

Muitas pessoas cometem o erro de se concentrar apenas nos avanços tecnológicos ("Veja toda essa nova tecnologia inteligente!") e nas condições socioeconômicas superficiais ("Ainda estamos indo muito bem, não estamos?") ao avaliar a saúde de uma civilização. Entretanto, estes não são os indicadores mais importantes da saúde de uma civilização. Isto porque a mentalidade e a moralidade tanto do povo quanto de seus líderes está em pé ou cai constantemente - literalmente.

Políticos que não têm mais vergonha de se auto-enriquecerem, mentiras e enganos (muito sozinhos, demitindo-se), mas que os empregam, geralmente estão na vanguarda do declínio. Promessas eleitorais e plataformas que estão completamente incumpridas ou revertidas. Sem consultar o público, tratados e escolhas que prejudicam a sociedade e a soberania são levados adiante. As liberdades estão sendo progressivamente reduzidas, ou talvez totalmente retiradas, sob vários pretextos, como uma "crise climática" ou uma "pandemia de vírus".

A imprensa livre foi praticamente comprada e é controlada e mal utilizada como um Ministério da Propaganda, e a liberdade de expressão está sendo constantemente corroída. Há apenas um "caminho correto" em cada campo político; a oposição dissidente é demonizada, desprezada ou silenciada. As vozes dissidentes são vilipendiadas, ridicularizadas ou silenciadas. Políticos e figuras públicas 'erradas' são submetidos a julgamentos de fachada, excluídos, demitidos ou marginalizados de outras formas.

Estamos lidando com um governo que quer mais poder e o está ganhando através de mais impostos e regulamentos, bem como uma série de requisitos adicionais que sufocam a privacidade e a liberdade de autodeterminação. Além disso, ele impõe conseqüências mais duras para aqueles que rejeitam e, portanto, começa a agir como uma organização terrorista. O Judiciário age apenas como um "selo de aprovação" para a política governamental, muito parecido com o que fez no Bloco Comunista do Leste. A "separação de poderes" não é mais uma questão, portanto, os cidadãos e as pequenas empresas não têm nenhuma perspectiva de ganhar uma ação judicial contra o governo.

Um erro crítico: o dinheiro está concentrado em um pequeno grupo de elite.

A conexão com a queda do Império Romano é mais do que válida por todas estas razões. A corrupção total foi celebrada na maré alta em Roma, como ainda é, e foi "festa em" e "business as usual" até o final. O dinheiro não podia parar de se depreciar, e a vida tornou-se cada vez mais orientada para o prazer, diversão e diversão cada vez maiores e mais intermináveis. Ninguém parecia ver que o império estava se decompondo por dentro. Como resultado, o império, uma vez considerado invencível, poderia implodir e dissolver-se em questão de dias antes de finalmente cair.

Em termos do quadro sombrio para nossa civilização, "A Quarta Viragem" está longe de ser único. O Centro Espacial Goddard da NASA financiou um projeto de pesquisa liderado pelo matemático Safa Motesharrei seis anos atrás (Centro Nacional de Síntese Socioambiental). Eles compararam os avanços ocidentais aos das civilizações romana, Han, Maurya, Gupta e Mesopotâmia.

Eles determinaram que nos últimos 5.000 anos, nenhuma civilização altamente desenvolvida, complexa ou criativa foi capaz de se sustentar indefinidamente e que o Ocidente também está à beira da extinção. A principal razão é que, como qualquer outra civilização antes dela, o Ocidente parece ter cometido o erro crítico de não compartilhar adequadamente a crescente riqueza em toda a sociedade.

A grande maioria do dinheiro, particularmente durante os anos 90, foi concentrada nas mãos de uma pequena minoria de elite (principalmente nos setores financeiro, econômico e político), apesar do fato de ser produzido pelas massas mais pobres. As pessoas mais pobres, por outro lado, são alheias a ele.

Este desequilíbrio leva a um colapso do "tipo L", no qual as pessoas comuns são incapazes de pagar as contas como resultado do aumento da carga, e ficam empobrecidas e famintas. Os governos, como é costume em todos os lugares, respondem com maior controle e repressão, oprimindo e aterrorizando seus cidadãos. Depois disso, ocorrem rebeliões populares maciças, revoluções e guerras civis, às vezes lentamente, às vezes rapidamente, nas quais os civis buscam vingança sobre a elite.

Deagel e o modelo de computador MIT

Além dos estudos 'The Fourth Turning' e da NASA, o famoso modelo de computador 'World One' do Instituto de Tecnologia de Massachusetts (MIT), desenvolvido em 1973 e continuamente atualizado posteriormente, previu o colapso da civilização entre 2020 e 2040.

Vários artigos surgiram nos últimos anos sobre Deagel, um site de inteligência militar privada sem fins lucrativos americano que prevê o desaparecimento de centenas de milhões de pessoas na Europa e América entre agora e 2025, como resultado de um colapso total da economia, prosperidade e sociedade com base em dados da CIA, do FMI e da ONU.

O fardo insustentável da dívida que tanto a América como a Europa acumularam, segundo Deagel, é o principal culpado, o que finalmente acabará com nossa prosperidade em uma série de graves catástrofes. As pessoas que podem emigrar o farão, mas milhões mais perecerão no pandemônio que se segue ou cometerão suicídio porque seus estilos de vida seguros foram destruídos para sempre. Segundo Deagel, após a queda do Ocidente, o centro da civilização humana será transferido para a Rússia e a China.

Uma provável epidemia global de, digamos, Ébola ou qualquer outro vírus não é sequer contada nos números", escrevi em 16 de agosto de 2018, em uma peça intitulada "O modelo informático do MIT prevê o fim da prosperidade até 2020 e o fim da civilização até 2040".

Em 2020, ocorrerá uma crise do vírus fabricado, e a elite ocidental tomará o poder.

Ainda é possível evitar o colapso de nossa civilização? Sim, mas isso requer algo que nunca foi feito antes no mundo, em nenhuma época: líderes que refaçam seus passos, abandonem seu nepotismo, abuso de poder e cultura da ganância, e restaurem a prosperidade e a liberdade para o povo. Além disso, eles devem assumir a responsabilidade por suas (más)ações e estar dispostos a sofrer as conseqüências. Dê uma olhada em Haia, Bruxelas, Berlim, Paris, Roma e Washington: você acredita que isso vai acontecer?

Este ano, a elite ocidental usou um coronavírus comum semelhante à gripe para realizar um golpe de estado final que é único na história da humanidade, a fim de evitar uma nova catástrofe bancária global e da dívida. Nunca antes os líderes políticos oprimiram seus próprios cidadãos a tal ponto, proibindo e criminalizando o contato humano regular e destruindo o bem-estar e a prosperidade de centenas de milhões de pessoas em todo o mundo.

De acordo com várias estimativas, o número de mortes causadas pela política Corona - incluindo grande número de pacientes não tratados ou tratados tardiamente com doenças cardíacas, tumores, hemorragias cerebrais, diabetes, etc., bem como pessoas que morrem de fome ou cometem suicídio - já é um múltiplo do número oficial de mortes Covid, que provavelmente é pelo menos dez vezes maior devido à comprovada falsificação de dados. As forças dirigentes, por outro lado, vêem isto como um sacrifício necessário para a "Grande Reposição", que está sendo realizada sob a Agenda 21/30 comunista da ONU.

Somente uma grande rebelião pacífica será capaz de derrubar o sistema de controle totalitário.

Esta "cabala" de políticos e bilionários tentará evitar revoltas populares inevitáveis nos próximos anos, combinando distanciamento social obrigatório (1,5 metros) com tecnologia de ponta (centenas de bilhões de câmeras e sensores, milhares de satélites, 5G, vacinas que alteram o DNA), bem como a repressão violenta da polícia e dos militares, para estabelecer um estado totalitário sem precedentes.

O que as nações podem fazer para evitar um futuro tão horrível para si mesmas e seus (grandes) filhos? A única solução é usar o poder dos números: levantar-se pacificamente em grandes grupos; decidir pelos milhões para deixar de cooperar com as medidas. Uma porcentagem significativa da comunidade empresarial, assim como a polícia e os militares, apóiam o povo.

A violência nunca é uma solução; ela simplesmente leva a mais violência e intervenção vigorosa, o que leva a mais derramamento de sangue. Somente quando um governo (seja ele um regime de ocupação ou o próprio) se volta para o terrorismo e começa a prender, prender e dispor de cidadãos em "instalações" (campos de internação/concentração, prisões, etc.) sem qualquer forma de julgamento e/ou com base em leis ilegais é justificada a violência.

Quando as batidas são realizadas, as pessoas são tiradas de suas casas e levadas, e os policiais e militares começam a atirar munição viva nas ruas, você saberá que este momento chegou, e nós nos tornamos mais uma vez território BEZET, o que nós fervorosamente rezamos para que nunca aconteça. Então você tem o direito, assim como a obrigação, de se defender e defender seus entes queridos.

Você acredita em cenários catastróficos?

Você pode descartar os cenários sombrios acima como cenários apocalípticos. Pelo menos no passado, a maioria da população geralmente reagiu desta forma aos avisos e sinais de uma calamidade iminente.

É por isso que a história se repete uma e outra vez, e a humanidade raramente, se é que alguma vez, parece aprender com seus erros. Pessoas e civilizações têm repetidamente se recusado a reconhecer que prosperidade e liberdade não são dadas, que elas devem ser lutadas diariamente, e que se não o fizermos, se preferirmos estar preocupados com materialismo e entretenimento, pessoas famintas de poder sempre vencerão, inaugurando uma nova era de miséria e opressão.

Por que estamos tão pouco dispostos a aprender com a história? Porque não reconhecemos que a história é cíclica e não linear. Porque, arrogantes como somos, nos recusamos a considerar a idéia de que a história pode se repetir a qualquer momento. É por isso que ela se repete EXATAMENTE NO MESMO MANEIRO - uma e outra vez. Mais uma vez, ela está indo na direção errada em uma velocidade vertiginosa, e nós somos os culpados. Aqueles que se recusam a ver isto podem não merecer nada mais do que a ditadura totalitária que está sendo imposta a todos nós atualmente.

Capítulo 2: Suicídio econômico na Europa?

A nova crise do euro poderia ter sido evitada - "As pessoas devem enfrentar o pior cenário possível: tudo está na sarjeta".

As empresas vão à falência e começam a puxar outras empresas com elas. Até setembro, 50% da indústria de hospitalidade corre o risco de cair, porque um metro e meio não vai funcionar para elas, porque não se pode sobreviver com apenas metade de seus clientes. Os impostos não estão sendo ajustados, eles estão sendo adiados", começa Hulleman. Acontece que a ajuda estatal é contada como volume de negócios, sobre o qual os impostos têm que ser pagos. Os empresários estão sendo apanhados à esquerda, à direita, atrás e à frente. Assim, a crise começou".

Wellens descobriu logo após a crise de 2008 que "o dinheiro dos impostos está apenas sendo descartado para salvar os bilionários, os bancos". Por que você faria isso? Foi por isso que em 2015 ele iniciou a iniciativa Peuro, juntamente com Jort Kelder e Thierry Baudet, para conseguir um inquérito parlamentar sobre o euro e o funcionamento da zona do euro.

Não veio, nem foram feitas escolhas ousadas para evitar uma nova crise do euro. Isto poderia ter sido feito deixando o euro, ou abolindo o euro, ou reduzindo-o, e aceitando que muitas dívidas problemáticas nunca serão pagas, e poderiam, portanto, ter sido anuladas.

26

Ninguém na Europa deveria ter qualquer dúvida sobre o projeto do euro sagrado.

Há uma cláusula no ESM (Mecanismo de Estabilidade Europeu) assinado pela Holanda, que pode incluir 700 bilhões de euros, que se surgir uma dificuldade financeira na zona do euro, o diretor desse fundo pode ligar para a Holanda, e devemos então pagar qualquer quantia exigida no prazo de 7 dias.

Este foi apelidado de "evangelho do euro" por Arno Wellens, e foi também o título de um de seus livros. Se você falar sobre isso em uma discussão neutra com os membros do parlamento, será impedido de fazê-lo. Por exemplo: "Como ousar questionar o projeto do euro santo? "Embora seja a maior ameaça aos cidadãos europeus de todos os tempos", diz Hulleman. Foi apelidado como a maior decisão econômica da história européia por Jort Kelder, mas é proibido ser discutido. Afinal de contas, por que não? Porque é incorreto".

O eleitor é constantemente enganado sobre o fato de que são principalmente os bancos que querem ter este mecanismo em funcionamento porque querem saber que serão sempre resgatados pelo BCE (isto é, com o dinheiro do contribuinte). "No entanto, a questão objetiva e imparcial de como proceder com o euro não pode ser respondida", diz Wellens. Em conseqüência, eles se arrastam até a próxima crise, que já está em andamento. Depois há um argumento.

A Corona é a culpada pelo pior desastre econômico mundial já ocorrido.

Desde 2015, estamos no meio da "crise mais profunda de todos os tempos". O vírus corona foi apenas o catalisador. O desemprego na Espanha já está em 35%, e espera-se que ele aumente para 50% a 60% nos próximos anos, com o resto da Europa seguindo o exemplo.

O problema com os referendos é que eles são chamados de fabricação de Putin", comenta sarcasticamente. É por isso que o último referendo sobre a Ucrânia, que foi projetado para ser antieuropeu, teve que ser cancelado logo". Mas, certamente, você pode simplesmente perguntar às pessoas se elas querem o euro. Reconhecendo que isto implica uma concessão de soberania, porque seria necessário um ministro central das finanças".

Suicídio econômico

Em breve, você poderá votar em políticos belgas, franceses e italianos que nunca ouviu falar, políticos que farão escolhas sobre a moeda européia, que é mantida em um grande pote e será utilizada para os países empobrecidos (euro)... Essas pessoas estão conscientes de que estão doando seu próprio dinheiro e que, como resultado disso, em breve estarão significativamente pior do ponto de vista econômico?

O 'Novo Normal' me lembra um episódio do 'Planeta dos Macacos'.

O "novo normal", por outro lado, é tudo menos normal. É como um "Planeta dos Macacos", diz Wellens. Uma forma de semi-ditadura', diz o autor. "Você só trabalha em casa, não é mesmo?" disse aqueles que estão satisfeitos em alinhar com as medidas. Sim, você ainda pode dizer isso como um funcionário civil cujo salário está sendo pago como de costume'.

A "Ajuda de custo do café" é um tema de conversa entre os funcionários públicos, assim como muitas grandes corporações. Wellens já ouviu relatos em primeira mão sobre isso. Pessoas que dizem que costumavam comprar café no trabalho, mas agora se sentam em casa e querem saber se podem ser reembolsadas ou deduzidas de suas despesas de viagem. Eles estão brigando por um sorvete de costas para o mar quando uma onda de 16 metros de altura se aproxima", diz Hulleman.

Estrangulamento': O CPB já admitiu que a economia diminuirá em 25%.

As pessoas que são forçadas a ficar em casa e cujos salários não são pagos (embora isto nunca possa ser continuado financeiramente por muito tempo) já devem ser consideradas desempregadas. Wellens repete: "O novo normal é o suicídio econômico". "Isso

29

não vai funcionar de forma alguma; será um estrangulamento". Um metro e meio nunca será suficiente. Muitas empresas, incluindo a indústria da hospitalidade, não podem sobreviver se apenas 1/6, ou mesmo a metade, de seus clientes e, conseqüentemente, o volume de negócios estiver presente.

Devido aos meses de fechamento (total ou parcial), muitas outras empresas irão à falência, causando uma devastação econômica e social irreparável em toda a UE. Como resultado, o desemprego subseqüente será maciço.

Teríamos tido uma nova crise bancária e do euro, mesmo que a Corona não tivesse acontecido. A Corona apenas acelerou um pouco a questão. Como nada foi corrigido após a crise de 2008, e nada foi corrigido após a crise de acompanhamento dos bancos em 2015, a próxima catástrofe seria "duas vezes mais terrível". No verão de 2019, Wellens foi autorizado a avisar a Câmara dos Deputados sobre isso pela terceira vez, mas foi demitido mais uma vez.

Esta catástrofe é mais grave do que a crise econômica que ocorreu durante a Segunda Guerra Mundial", disse ele. 'Chegamos ao nível da República de Weimar'. Teríamos que reduzir pela metade a bagunça (dívidas, etc.), então teríamos que cancelar todas as hipotecas, perder as dívidas e créditos e começar de novo. Sim, muita gente vai ficar furiosa'.

Enquanto um incêndio já deflagrou na porta da frente, a UE está agindo como inúmeros habitantes de um complexo habitacional brigando sobre quem deveria pagar pelos extintores, qual sistema deveriam escolher, e como deveria ser financiado.

Capítulo 3: Hiperinflação nos EUA?

O embuste pandêmico afundou o Ocidente mais profundamente na dívida do que a Segunda Guerra Mundial - o maior fundo de pensão da Grã-Bretanha (número seis do mundo) diz aos investidores que a retirada de dinheiro pode levar até 95 dias, e adverte sobre uma possível insolvência - os Estados Unidos prevêem a hiperinflação num futuro próximo.

A maioria das pessoas parece acreditar que é normal que os bancos centrais continuem produzindo enormes quantidades de dinheiro do nada, ao toque de um botão, para que os governos possam continuar gastando grandes somas de dinheiro enquanto mantêm seu poder de compra. Qualquer pessoa que tenha tido duas aulas de economia no ensino médio sabe que isto é contra todas as leis financeiras e fiscais, e resultará em uma peça de teatro mais cedo ou mais tarde. Está quase aqui: o Banco da América declarou oficialmente a HYPERinflation. Isto significa que o valor da moeda cairá, e o custo da maioria dos produtos e serviços disparará.

De acordo com dados anuais, o número de empresas americanas que relatam inflação (alta) subiu cerca de 800%. Como resultado, o Bank of America não pode deixar de concluir que isto "no mínimo sinaliza que a hiperinflação 'temporária' está a caminho". As commodities (+28%), os preços ao consumidor (+36%), o transporte (+35%) e os produtos manufaturados, em particular, estão à beira de explodir em preço. Apesar da crença da BoA de que permanecerá "administrável", a hiperinflação é um processo que demonstra intrinsecamente que algo está girando fora de controle.

Preços exorbitantes

Isto significa que, entre outras coisas, os cidadãos em breve terão que pagar significativamente mais por quase tudo, e a um ritmo muito mais rápido. De fato, já podemos ver esta alta inflação disfarçada no aumento dos preços imobiliários (afinal, estes não estão associados a uma forte recuperação econômica, mas a uma economia endividada financiada pelo governo). Além disso, um número crescente de consumidores está reclamando que suas compras semanais aumentaram significativamente mais caras em um curto período de tempo.

O fim da prosperidade está se aproximando.

Por mais angustiante que seja a leitura, o fim da afluência ocidental está agora à vista. De fato, a situação da Europa não é diferente da dos Estados Unidos e, de certa forma, é ainda pior. Considere as dívidas soberanas sem fim da Itália, Grécia e Espanha, assim como da França e Bélgica. Além disso, grandes bancos sistêmicos europeus como o Deutsche Bank, Société Générale e UniCredit estão basicamente falidos em nível técnico.

O Novo Acordo Verde e o Grande Reposicionamento

O "Green Deal" da UE e o "Great Reset" do Fórum Econômico Mundial estão em cima do assunto. O primeiro tornará a energia, o transporte e a alimentação quase inacessíveis para milhões de pessoas, enquanto o segundo eliminará permanentemente os últimos vestígios de liberdade e autodeterminação que nos restam, colocando 35% a 41% das pessoas sem trabalho, de acordo com os próprios números do Fórum Econômico Mundial.

E, enquanto o Ocidente se dilacera ao perceber a gravidade da situação, a China e a Rússia já começaram a tomar a dianteira.

Capítulo 4: Falta de combustível e alimentos?

Este é o aquecimento final para o próximo grande ataque cibernético do Ocidente?

Segundo especialistas, o ataque cibernético ao principal gasoduto de combustível dos EUA poderia ter sido resolvido em questão de horas e, portanto, traz todas as marcas de uma operação de "bandeira falsa" destinada a colocar o povo americano completamente de joelhos diante da emergente ditadura comunista da ONU/WEF sobre a vacina contra o clima. Os primeiros postos de gasolina ficaram sem combustível, e os que restam estão aumentando drasticamente seus preços. Durante um longo período, o combustível pode ser racionado e, uma vez que isso aconteça, os alimentos certamente se seguirão.

De acordo com um especialista em TI, o Colonial Pipeline de Houston, Texas, para Linden, Nova Jersey, poderia ter sido colocado em funcionamento em questão de horas se o equipamento quebrado tivesse sido rapidamente substituído, uma vez que a maioria dos servidores de computador atualmente são máquinas virtuais (VMs). A parada teria sido de apenas alguns minutos se apenas o software tivesse sido danificado. Como resultado, a tubulação tinha muitos backups em todos os sentidos.

Como nenhuma recuperação foi indicada até o final da semana, este especialista em TI acredita que a escassez de combustível está ocorrendo de forma aleatória. O diesel ainda é usado em caminhões, mas apenas por um tempo limitado. Os supermercados vão esvaziar rapidamente se as coisas pararem hoje ou amanhã, ameaçando medo absoluto e pandemônio. O país estará parado em uma semana, o fornecimento de água potável estará em risco em duas semanas, e a civilização terminará em quatro semanas.

O governador da Carolina do Norte proclamou o estado de emergência e racionou temporariamente (?) a gasolina. As bombas de grandes empresas como a Shell e a BP estão agora enfrentando também problemas de abastecimento.

Você está reclamando? Não se você votou a favor deste sistema em primeiro lugar.

Os eleitores de esquerda, em particular, não devem ter reclamações, porque estes partidos - como quase todos os partidos de oposição de esquerda, aliás - apoiam abertamente a agenda do Grande Reposicionamento / Construir Melhor / Agenda-21/2030 e têm trabalhado incansavelmente por muitos anos para trazer este futuro para você e seus (grandes) filhos.

Exceto para si mesmos, porque, como em ditaduras comunistas e fascistas anteriores, a elite do poder garantirá que eles nunca serão afetados por suas próprias leis de liberdade e destruição de riqueza.

Capítulo 5: Será preciso um cyber-ataque?!

Em 2021-2022, um novo sistema totalmente digital, uma tecnocracia comunista-fascista, será formado nos escombros do sistema atual.

O Fórum Econômico Mundial de Klaus Schwab 'simulará' um grande ataque cibernético no verão, assim como um exercício 'real' com uma pandemia corona (Evento 201) foi realizado em outubro de 2019 e depois realizado três meses depois. O Cyber Polygon 2021 acontecerá em 9 de julho de 2021 e servirá como um roteiro detalhado do que acontecerá mais tarde (possivelmente já no outono): um 'ataque' maciço à infra-estrutura digital e energética, que colocará o Ocidente, em particular, de joelhos de uma vez por todas antes da Grande Reposição.

Por que os russos estão participando disso?

Não está claro quem será considerado responsável por esta hedionda operação de bandeira falsa. O mais óbvio é o argumento comprovado e verdadeiro de que "os russos o fizeram"! Sberbank, o maior banco estatal da Rússia, está participando do Cyber Polygon 2021 com seu negócio cibernético BIZONE.

Então, o que exatamente está acontecendo aqui? A Rússia faz parte do esquema do Fórum Econômico Mundial para colocar o Ocidente de joelhos de uma vez por todas? Ou os russos estão participando do Cyber Polygon 2021 porque os principais políticos e líderes militares americanos ameaçaram abertamente a Rússia com uma greve cibernética durante anos? Se for esse o caso, seria prudente conhecer o melhor possível as táticas do inimigo para que você possa se defender.

Em 2021-2022, haverá uma mega-crise financeira.

Como explicado nos capítulos anteriores, a inevitável mega-crise financeira vem sendo prevista há anos, porque o sistema bancário ocidental - e particularmente europeu - está tecnicamente falido, a dívida em rápido crescimento tornou-se insustentável, o euro tem apenas valor em papel, e os anos de taxas de juros negativas do BCE corroeram completamente a poupança, as pensões e o poder de compra do euro. Como resultado, estamos vivendo "com o tempo emprestado", ou, dito de outra forma, o tempo comprado com enormes quantidades de dinheiro digital novo (dezenas de bilhões a cada mês), o que só serviu para adiar o grande golpe (e que, em parte por causa disso, será muito mais difícil, e provavelmente será um fato em 2021-2022).

Como a grande crise sistêmica está tão próxima, governos, bancos e grandes atores financeiros precisam de um bode expiatório para sua planejada greve de "bandeira falsa", que dará um golpe final "controlado" ao sistema em dificuldades antes que ele colapse por si só. A devastação causada pelo colapso será tão maciça, com tantas vítimas, que centenas de milhões de pessoas desesperadas quererão descarregar suas frustrações sobre os verdadeiros perpetradores, neste caso os mesmos governos e bancos, liderados por grandes organizações globalistas, com o Fórum Econômico Mundial no leme.

Quem vai ser o bode expiatório?

É "essencial" designar um bode expiatório para o público, a fim de evitar revoluções e revoluções. Talvez outro grupo de hackers russos, chineses ou da Europa Oriental esteja envolvido. A China poderia ser ideal para os Estados Unidos, já que o Pentágono está planejando uma guerra 'quente' contra ela num futuro próximo. O Irã e a Coréia do Norte também podem ser citados, talvez colaborando com a China para formar um novo "eixo do mal", que então teria que ser "naturalmente" combatido.

O ódio contra a China é apenas um ardil destinado a alimentar os medos do público em relação à guerra e outros desastres? Afinal de contas, tanto os EUA quanto a UE estão tentando replicar o regime de controle autoritário da China.

Outra possibilidade é que o falso ataque cibernético de bandeira seja rastreado até Israel, que a OTAN e o Conselho de Segurança da ONU explorarão para obrigar o país ameaçado militar a aceitar um "plano de paz" que dividirá o país em dois e transformará Jerusalém em algum tipo de capital internacional. O Vaticano e a Maçonaria já há muito tempo que têm a Jerusalém em mira, como demonstramos em vários artigos há mais de dez anos, já que eles querem fazer dela o centro de algum tipo de nova religião mundial unificada.

Em qualquer caso, o embuste da pandemia de Corona demonstrou sem ambiguidade que deve ser apresentado como insano ou improvável para que o público ocidental amplamente desinformado, indiferente e bêbado acredite nisso. TUDO o que os governos e a mídia afirmam é agora aceito como fato porque "foi transmitido na TV, portanto deve ser verdade".

Uma tecnocracia comunista-fascista na qual seu próprio corpo não é mais seu.

Desde o ano passado, o Grande Reposicionamento do Fórum Econômico Mundial tem se desmoronado e mudado drasticamente nossa sociedade. Os últimos vestígios de liberdade, democracia e autodeterminação desaparecerão para sempre, o dinheiro será substituído por moedas totalmente digitais e o novo "capitalismo das partes interessadas" não será mais do que um sistema comunista-fascista combinado no qual cidadãos e empresas perderão tudo, inclusive o direito de controlar seus próprios corpos.

O governo torna-se efetivamente o único acionista majoritário em quase todas as facetas da vida. Como este sistema permite a introdução de uma Renda Básica Universal, e como o ciberataque planejado acima mencionado traria tanta confusão e agonia, as pessoas aceitarão qualquer remédio sem questionar, mesmo com tremenda excitação. ("Ordo ab Chao") é uma frase latina que significa "ordem dos deuses".

Entretanto, os sobreviventes da crise global iminente logo descobrirão que não têm poder e nem voz no novo sistema, nem mesmo sobre seus próprios corpos. Eles se tornarão escravos digitais geneticamente alterados, uma forma de andróides ou ciborgues, como resultado de uma vacinação forçada do mRNA atrás da outra - potencialmente em breve carregando nano-chips. Klaus Schwab praticamente proclamou a implementação de exames forçados do cérebro e chips que podem controlar e alterar seus pensamentos, desejos e força de vontade.

O Fórum Econômico Mundial está pondo em perigo a sobrevivência da humanidade; portanto, é necessário um verdadeiro Grande Reposicionamento.

Como resultado, o Fórum Econômico Mundial se identifica claramente como uma das maiores ameaças para a sobrevivência da humanidade. É possível que o Fórum Econômico Mundial, com a ajuda das potências ocidentais, possa ir longe, mas antecipamos que este abominável regime anti-humano não sobreviverá por muito tempo. Eles acreditam que podem controlar e mudar a natureza humana por causa de sua arrogância sem limites, mas o que eles criarão é nada menos que o inferno na Terra, que se consumirá sob o peso de sua própria malignidade megalômana.

Então, segundo os crentes, será a hora de uma verdadeira Grande Reposição, que será realizada "do alto". Esse reino de paz continuará para sempre, e Klaus Schwab, Bill Gates, George Soros e Mark Zuckerberg, bem como a elite bancária ainda acima deles, comandada pela famosa família Rothschild, não serão mais bem-vindos. Essa "Babilônia" será demolida para sempre, para nunca mais se erguer para atormentar a humanidade.

A chegada de uma nova Grande Depressão é simplesmente uma questão de tempo.

Estaríamos em uma depressão pior agora do que na década de 1930 se a metade da economia não tivesse sido colocada em um gotejamento desde o ano passado. Então, é uma boa solução, certo? Tente lembrar sua primeira lição de economia no ensino médio, ou a pergunta que quase todas as crianças fizeram a seus pais em algum momento, por que não colocamos dinheiro na copiadora para que tenhamos sempre o suficiente e possamos ficar "ricos".

Os bancos precisam ser resgatados novamente

Ninguém mais fala sobre a necessidade de reduzir a dívida. Todas as partes - governos e empresas - esperam que as taxas de juros permaneçam zero ou negativas para sempre, e que o dinheiro continue a não desempenhar nenhum papel para o Estado. Na verdade, o cenário de horror absoluto é um aumento das taxas de juros. Mesmo que seja pequeno, isso empurrará imediatamente dois Estados europeus com dívidas muito maiores, Itália e Espanha, para a falência do Estado. O salvamento está fora de questão, pois custaria trilhões de euros. Portanto, o colapso de um desses dois países significa imediatamente o colapso da zona do euro.

Contribuições para o saneamento", mas de quem?

Como resultado, o FMI aconselha os governos a imporem "pagamentos de limpeza" aos rendimentos, ativos e ganhos - um conselho estranho, dado que somente um desenvolvimento econômico forte e sustentado pode possivelmente nos puxar de volta da beira de um colapso sistêmico. Se você então impuser impostos ainda mais altos a um setor econômico já em dificuldades, você só terá o efeito oposto: a crise será acelerada e intensificada, centenas de milhares de empresas falharão e inúmeras pessoas perderão seus empregos.

E não há mais nada a ser obtido de uma população que já está tensa. Impostos ainda mais altos e cortes piores engolirão faixas significativas das classes baixa e média

44

em uma pobreza abjeta. Os governos têm pouca escolha a não ser usar a repressão financeira draconiana, que prejudicará o cidadão médio, mas particularmente os pobres e vulneráveis.

Milhões de pessoas poderão em breve não conseguir pagar por necessidades básicas, como moradia, energia e alimentos. A maioria de nós terá que apertar os cintos figurativamente e literalmente.

Alguns analistas prevêem uma hiperinflação ao estilo "Weimar", que acabará com nosso poder de compra totalmente. Entretanto, dadas as atuais circunstâncias vulneráveis de muitos residentes e empresas, mesmo uma taxa de inflação bem menor, de 3% a 4%, será o golpe final. Em pouco tempo, os títulos do governo, planos de seguro de vida, fundos de pensão e poupança não terão valor.

A sexta maior seguradora do mundo emitiu uma advertência de "insolvência".

Sinais de que a crise do sistema financeiro está se aproximando também são óbvios no Reino Unido, onde Aviva, a maior seguradora/fundo de pensão do país e a sexta do mundo, notificou seus clientes que retirar dinheiro de suas contas pode levar até 95 dias.

A própria advertência de que "no improvável caso de nos tornarmos insolventes... " é muito mais assustador.

Se um banco, seguradora ou fundo de pensão emprega essa palavra, é um sinal de que estão lidando com questões extremamente sérias e muito provavelmente insolúveis.

Ouro, prata e dinheiro retirado da Grã-Bretanha

Uma grande soma de ouro, prata e dinheiro foi abruptamente retirada do Reino Unido e transferida para o Qatar no início da semana passada, sem nenhuma explicação. Um pagamento de US$ 1,8 bilhões da Fundação Hillary Clinton ao Banco Central do Qatar foi registrado pelo Banco de Compensações Internacionais (o banco BIS na Basiléia, o "banco central dos bancos centrais") (QCB).

Possíveis teorias variam desde o iminente colapso financeiro do Reino Unido até um futuro conflito com a Rússia, no qual cidades britânicas poderiam ser aniquiladas com armas nucleares.

Os cidadãos e as empresas não terão nada no euro digital.

Há anos alertamos que uma crise sistêmica está a caminho, e parece que está se aproximando. A "Grande Reposição", que nada mais é do que o estabelecimento de uma ditadura tecnocrática, tecnocrática e opressiva, tecnocrática e opressiva, será usada para fazer passar a "Grande Reposição", que será acionada sob o pretexto de um falso ataque cibernético de bandeira (supostamente pela Rússia?).

Em termos financeiros e econômicos, isto significa que o euro será totalmente digital, que tudo (mesmo seu próprio corpo) será controlado pelo governo, e que os cidadãos e as empresas ficarão para sempre desprovidos de qualquer tipo de propriedade ou digam na questão. O Fórum Econômico Mundial também espera uma taxa de desemprego permanente de 35 a 41%, bem como a implementação de uma renda básica que seja apenas o suficiente para manter as pessoas vivas.

Você quer este WEF reinicializado? Então você o terá.

Isto é o que vai acontecer, e não será interrompido. Mesmo que a maioria das pessoas acordasse no último minuto e se revoltasse contra isso, ainda seria necessária uma "Grande Reposição", mas de uma magnitude completamente diferente da do WEF e dos globalistas em Washington, Bruxelas, Londres, Paris, Berlim, Roma e Haia. Seu Reset concentra todo o poder e riquezas em um pequeno grupo de pessoas, enquanto o Reset que realmente precisamos alcança exatamente o oposto.

O Deutsche Bank, tecnicamente falido, advertiu que o "Acordo Verde" da UE, que supostamente permitirá o "Grande Reposicionamento", desencadeará, ao invés disso, uma mega-crise e abrirá uma eco-ditadura que destruirá nossa atual riqueza.

Capítulo 6: A próxima guerra mundial?

O Ocidente cometeu um erro catastrófico ao esperar que a Rússia só implantaria armas nucleares no último momento possível.

O Comando Estratégico dos Estados Unidos (USSTRATCOM) divulgou um relatório afirmando que a imprevisibilidade da guerra nuclear é agora oficialmente considerada. O espectro dos conflitos de hoje não é linear nem previsível. Devemos considerar o potencial que um confronto poderia rapidamente levar a circunstâncias que poderiam levar um adversário a usar armas nucleares como último recurso". O que os EUA não reconhecem é que a Rússia não vai esperar pelo fim de uma guerra convencional antes de recorrer às armas nucleares.

Surpreendentemente, a OTAN continua a acreditar que a Rússia é incapaz de vencer uma guerra. Ao acreditar nisso, a OTAN faz a grande falácia de que os russos tentarão primeiro repelir um ataque ocidental por meios convencionais, e somente quando estiverem em perigo de perder essa batalha é que se voltarão para as armas nucleares.

Esta doutrina militar baseia-se principalmente em uma mistura de arrogância desenfreada sobre a superioridade militar que não existe mais na realidade e uma completa falta de compreensão da mentalidade russa (e também chinesa). O Presidente Vladimir Putin, por outro lado, foi muito explícito quando disse a uma conferência de imprensa há alguns anos que uma coisa que aprendeu nas ruas é que quando se está encurralado e uma luta é iminente, a melhor coisa a fazer é dar o primeiro golpe você mesmo.

Centenas de milhares de tropas são colocadas umas contra as outras.

Perto de Luhansk e Donetsk (o Donbass), a Ucrânia reuniu 110.000 homens, além de 450 tanques e 800 peças de artilharia. Outras 40.000 tropas da OTAN estão estacionadas nas nações que cercam a Ucrânia. Na última segunda-feira, os Estados Unidos começaram a transferir tanques, caças e outros armamentos para o futuro campo de batalha.

Há 150.000 a 200.000 soldados russos, 1.300 tanques, 1.300 peças de artilharia, 380 lança-foguetes múltiplos, 300 aviões de caça e bombardeiros, 3.700 drones, 280 helicópteros, 26 navios e mais de 4.000 veículos blindados, posicionados em uma frente de 1.000 km. A propósito, estes não foram transferidos para as linhas de frente até que a Ucrânia despachou dezenas de milhares de soldados para o Donbass e o Presidente Zelensky assinou um documento exigindo a captura da Crimea, que era essencialmente uma declaração de guerra contra a Rússia.

Claramente, o Kremlin traçou uma linha após anos de grande paciência e muitas aberturas de reconciliação -

todas elas foram repetidamente rejeitadas pelo Ocidente. Ele não desistirá da Crimeia, não permitirá que a Ucrânia lance outra guerra contra cidadãos russos no Donbass e não aceitará que o gasoduto NordStream II para a Alemanha não seja concluído. Os americanos pretendem privar a Rússia de seus lucros e forçar os europeus a comprar seu GNL muito mais caro, como resultado de suas táticas típicas de chantagem.

Se chegar à guerra, a Ucrânia não terá nenhuma chance contra a Rússia. Somente se a OTAN e os EUA decidirem posteriormente não intervir em nenhuma circunstância é que uma Terceira Guerra Mundial ainda será impedida.

O Ocidente age "como um Papai Noel drogado". ”

A tentativa de impor ainda mais sanções à Rússia não produziu, historicamente, resultados. A economia russa continuou a se expandir, o que aproximou os russos dos chineses. Como resultado, Margarita Simonyan, a chefe da mídia estatal russa, comparou o comportamento liderado pelos americanos ocidentais a "uma espécie de Papai Noel maníaco que está tomando antidepressivos ou drogas". ”

A tentativa de impor ainda mais sanções à Rússia não produziu, historicamente, resultados. A economia russa continuou a se expandir, o que aproximou os russos dos chineses. Como resultado, Margarita Simonyan, a chefe da mídia estatal russa, comparou o comportamento liderado pelos americanos ocidentais a "uma espécie de Papai Noel maníaco que está tomando antidepressivos ou drogas".

Capítulo 7: Mentiras flagrantes

A cúpula da Força Aérea Americana deixa F-35 fora das simulações, já que a derrota está garantida.

Enquanto a Rússia e a Ucrânia testam seus bunkers nucleares para ver se ainda estão operacionais no caso de uma guerra nuclear, a mídia e o público ocidental continuam a acreditar que a ignorância é uma bênção. Muitas pessoas, especialmente (ex) pessoal militar, assumem que a América e a OTAN simplesmente "ganharão uma guerra" com a Rússia e/ou a China. Esqueça isso, declara Scott Ritter, um "aposentado"* oficial da inteligência americana que serviu no pessoal do General Schwarzkopf durante a Guerra do Golfo e como inspetor de armas da INF e da ONU na (antiga) União Soviética.

Segundo ele, a superioridade americana é construída unicamente sobre "mentiras e auto-engano". Mesmo em simulações, o Ocidente só pode ganhar uma guerra se houver trapaças flagrantes.

A Força Aérea Americana realizou "exercícios de guerra" em 2018 e 2019 para ver se ela poderia proteger Taiwan contra uma invasão chinesa. Em ambas as situações, os Estados Unidos foram derrotados. A mesma simulação foi realizada em 2020, e os Estados Unidos prevaleceram, mas apenas fabricando vastas capacidades como campos aéreos e centros de comando inexistentes, bem como aeronaves que estão apenas na prancheta de desenho ou que ainda precisam ser inventadas. "Esta experiência estava o mais longe possível da realidade", acrescentou Ritter. "A verdade é que os Estados Unidos só podem defender Taiwan contra a China em seus sonhos".

O projeto de defesa europeu mais caro é o "Naufrágio do Céu".

Surpreendentemente, o F-35, que também está substituindo o F-16 na Europa, nem sequer foi implantado virtualmente na simulação mais recente, porque os principais órgãos da Força Aérea dos EUA julgaram que a aeronave é completamente incapaz de vencer uma batalha em uma guerra. (Em todas as simulações, os F-35 foram "abatidos do céu como moscas", de acordo com um oficial do Pentágono há alguns anos).

E este "destroço do céu" foi comprado pela Europa por 6 bilhões de euros, nosso projeto de defesa mais caro de todos os tempos. Boa sorte com ele, ou melhor: boa sorte, caso venha de fato a uma guerra com a Rússia, como os globalistas ocidentais parecem ter desejado por tanto tempo.

"Mortes vendidas como vitórias, mentiras embaladas como verdades

Ritter ilustra que a superioridade aérea americana e, portanto, a superioridade do campo de batalha, há muito tempo é coisa do passado. Os pensamentos das pessoas ainda estão inundados de imagens da primeira Guerra do Golfo em 1991, mas a situação atual é incomparável. Após o 11 de setembro, os militares americanos mudaram seu foco de ganhar "grandes" batalhas convencionais com a Rússia e a China para a "guerra contra o terror" e a "construção do país" (que na realidade se tornou "destruição da nação" em todos os lugares).

Mesmo as guerras extraordinariamente caras no Afeganistão, Iraque e Síria foram difíceis de vencer no final. Ao não conseguir vencer, os EUA perderam as "guerras eternas" no Oriente Médio e no Sudeste Asiático. Como resultado, as altas patentes militares dos EUA foram condicionadas a encarar o fracasso como uma conclusão inevitável, o que é explicado pela mentira a si mesmas, a seus superiores, ou a ambos. Demasiadas profissões de sucesso são fundadas em mentiras mascaradas de verdades, contratempos mascarados de sucessos e falhas mascaradas de bens".

Em uma palavra, essa é a visão do mundo ocidental em muitos setores, não apenas militar. É um sinal cada vez mais alto de alerta de que nossa civilização se voltou contra si mesma através da corrupção, da cobiça pelo poder, da ganância pelo dinheiro e do nepotismo, e está ouvindo surdos e vendo cegos a sua própria morte.

Somente as armas nucleares podem impedir os EUA de lutar contra a China ou a Rússia.

Em muitos aspectos, o recentemente concluído "jogo de guerra" da Força Aérea americana é um subproduto desta psicose - um exercício de auto-engano no qual a realidade foi substituída por um mundo fictício no qual tudo funciona como planejado, mesmo que não exista. A Força Aérea dos EUA é atualmente incapaz de travar uma guerra bem sucedida contra a China ou a Rússia. Sua capacidade de conduzir com sucesso uma campanha aérea contra o Irã ou a Coréia do Norte também está em dúvida. Este é o tipo de verdade que perderia muitos indivíduos seniores seus empregos - com ou sem uniformes - em um mundo onde os fatos ainda importavam".

No entanto, como a culpabilidade por esta incompetência geral é tão extensa, não é imaginável uma verdadeira responsabilidade pelo que ocorreu". Em vez disso, quando confrontada com a verdade de suas falhas, a Força Aérea dos EUA 'inventa' a vitória. Esta "vitória" é inútil por si só. Se a China invadisse Taiwan, os Estados Unidos não teriam outra escolha senão usar armas nucleares para detê-los".

"Padrão de comportamento baseado em falsidades, enganos e auto-engano".

A aquisição planejada de aeronaves adicionais, de acordo com Ritter, baseia-se apenas nestas fabricações, nesta falsa noção de uma força aérea que pode "vencer" guerras.

A Força Aérea dos Estados Unidos está apenas repetindo um padrão de comportamento baseado em falsidades, enganos e auto-ilusão que tem permitido liderar durante as duas últimas décadas, incluindo oficiais superiores e líderes políticos. O efeito final será que, mesmo que a Força Aérea dos EUA receba todos os recursos e capacidades necessárias para "defender" e vencer Taiwan em uma simulação de guerra (que não será), o único lugar que eles vencerão é em seus sonhos'.

Uma guerra nuclear também será perdida pelo Ocidente.

Mesmo que os americanos recorram às armas nucleares, de acordo com a personalidade da rádio americana e antigo oficial da inteligência Hal Turner, a luta será perdida. Ele cita o fato de que a Rússia construiu abrigos maciços para seus cidadãos, nos quais milhões de pessoas podem sobreviver por longos períodos de tempo. Os Estados Unidos, assim como a Europa, não têm tais abrigos.

Capítulo 8: A China entra no jogo

"Em 4 semanas, uma Guerra Mundial poderá ser desencadeada na Ucrânia enquanto Putin envia 4.000 soldados e tanques para a fronteira", The Sun, o jornal tablóide mais famoso da Grã-Bretanha, recentemente manchete.

Quer cause agitação ou não, o anúncio de que a China logo enviaria 5.000 soldados para o Irã é extremamente perigoso. Além disso, Teerã demonstrou um míssil de cruzeiro capaz de atingir Berlim, e os mullahs garantiram seu apoio à Rússia no caso de a Ucrânia lançar um ataque frontal contra a Crimeia e o Donbass, desencadeando uma guerra liderada pela OTAN.

Somente um "psicanalista" pode entender os objetivos de Moscou, segundo o analista militar russo Pavel Felgenhauer, que também advertiu que os desenvolvimentos podem levar a uma guerra catastrófica dentro de um mês.

Toda a tristeza provocada pelo golpe de Estado de 2014

Em 2014, a CIA orquestrou um golpe violento na Ucrânia com a ajuda dos EUA e da UE. O presidente democraticamente eleito do país foi derrubado e substituído por uma ditadura de marionetes apoiada pelo Ocidente, que lançou uma guerra assassina contra a população de língua russa do país no Leste.

A fim de trazer a Ucrânia para a OTAN o mais rápido possível, foi realizado um ataque de "bandeira falsa" altamente provável em um avião de passageiros (MH17) voando de Amsterdã para a Malásia, que foi deliberadamente dirigido pelo controle de tráfego aéreo ucraniano sobre zonas de guerra.

O principal porto naval russo em Sevastopol (Crimeia) se perderia e, uma vez construídas as bases da OTAN na Ucrânia, as armas nucleares russas poderiam ser destruídas por mísseis americanos em um ataque surpresa em minutos, colocando o país indefeso.

A China despacha 5000 soldados para o Irã, que lançou um míssil capaz de atingir Berlim.

No entanto, está se formando um eixo que está farto de anos de racismo e guerras ocidentais lideradas pelos americanos, bem como de todas aquelas missões ostensivamente "de paz e democracia" que assassinaram milhões de pessoas apenas neste século. A República Islâmica do Irã, por exemplo, revelou um novo míssil de cruzeiro com um alcance de 3.000 quilômetros capaz de atingir Berlim no sábado passado.

Enquanto isso, a China anunciou gastos significativos bilhões de dólares no Irã, incluindo o envio de 5.000 soldados e o estabelecimento de novos postos avançados militares.

A luz já desaparecida do Ocidente está se apagando para sempre?

Em janeiro de 2018, a BBC no Reino Unido transmitiu um programa de notícias simuladas sobre o início de uma guerra entre a OTAN e a Rússia, com armas nucleares sendo lançadas após apenas uma hora. Um anúncio fictício semelhante da Terceira Guerra Mundial com a Rússia foi transmitido pela emissora pública alemã.

Chamemos isso de alarmismo ou programação preditiva, mas uma coisa é clara no início de 2021: nos últimos anos, só tivemos líderes, mídia e instituições no Ocidente, assim como em nosso próprio país, que só podem mentir e enganar friamente sobre questões importantes, seja sobre a Rússia, o coronavírus, as vacinas ou o clima. A luz, assim como seus líderes, desapareceu há muito tempo para aqueles que caem nisso com os olhos abertos e/ou às vezes até pensam que é uma coisa boa. Pior, o que antes era luz foi renomeado escuridão, e o que era escuridão foi renomeado luz.

Rússia, China e Irã estão todos sob fogo, mas não está claro quanto tempo o Ocidente ainda tem para tomar juízo, olhar no espelho e admitir quão longe caímos como uma chamada "civilização avançada". Se continuarmos no ritmo atual, não serão mais de 10 anos e, se o Sol estiver correto por uma vez, não serão mais de 10 semanas. Quando esta catástrofe mais provável ocorrer, será inesperada para a grande maioria de nós, e totalmente nossa própria responsabilidade, em nossa opinião.

Capítulo 9: O Ocidente contra a Rússia

*A "ameaça extremamente séria à segurança nacional"
está a apenas um passo de declarar guerra.*

Por causa da "ameaça única e sem precedentes que a
Rússia representa para a segurança nacional, a política
externa e a economia dos Estados Unidos", o presidente
americano Joe Biden proclamou um "estado de
emergência nacional". Os Estados Unidos estão
expulsando dez diplomatas russos e implementando
novas restrições. A Rússia está preparando
intensivamente seu exército e frota para um grande
conflito (global), o que preocupa - e com razão - que os
americanos, cada vez mais agressivos, estejam prontos
para começar.

As únicas pessoas que se colocaram no caminho da
"Grande Reposição" dos globalistas ocidentais foram
Trump e Putin. Trump foi exonerado graças à maior
fraude eleitoral da história; agora é a vez da Rússia. Os
loucos tecnocratas neo-marxistas da América e da
Europa pareciam acreditar que podem ganhar uma
guerra contra a Rússia sem causar muitos danos.

A Rússia está se preparando para a guerra.

Como resultado, a Rússia irá expulsar um grande
número de diplomatas americanos. O Estreito de Kerch,
que liga a península da Crimeia e o continente russo,

será fechado a todos os barcos da marinha e de propriedade estrangeira a partir da próxima semana.

O fechamento durará até outubro e afetará principalmente as cidades portuárias ucranianas de Mariupol e Berdyansk.

Perto da fronteira ucraniana, veículos blindados e caminhões russos foram vistos com as chamadas "listras de invasão". Listras brancas claras são pintadas nos veículos para protegê-los de serem abatidos por seus próprios aviões e tanques. Isto parece indicar que a Rússia está realmente considerando pôr um fim à administração neonazista apoiada pelo Ocidente em Kiev, que, como nossos leitores sabem, vem tentando há anos criar uma guerra maciça entre a OTAN e a Rússia.

A Ucrânia alega que mais de 110.000 soldados russos, 330 aviões e 240 helicópteros estarão estacionados ao longo de sua fronteira. Kiev alega que a Rússia está transferindo armas nucleares para a Crimeia, mas nós temos nossas dúvidas. De fato, a Rússia não é obrigada a fazê-lo; a Ucrânia poderia teoricamente ser aniquilada por armas nucleares lançadas de qualquer parte do planeta.

A maioria da frota russa do Pacífico retornou a Vladivostok e está sendo devidamente reabastecida lá, de acordo com imagens de satélite. Pelo menos um navio de guerra naval está recebendo "novos" mísseis a bordo. Isto sugere que a Rússia espera que qualquer conflito vá além da Ucrânia e para o resto do mundo.

Parece que um choque militar entre os EUA e a Rússia é apenas uma questão de tempo.

Agora que o presidente dos EUA classificou a Rússia como "perigo para a segurança nacional", e Biden deu o comando para responder a essa "ameaça", o confronto militar que Washington e Bruxelas há muito desejam parece ser apenas uma questão de tempo, potencialmente a apenas algumas semanas de distância.

O Presidente Putin há muito reconheceu como o Ocidente opera e, como resultado, recusou a oferta de uma reunião com o Vice Presidente Joe Biden. Isto nada mais seria do que a mundialmente famosa diplomacia ocidental de chantagem ("queremos a paz, mas somente nos nossos termos, e se não concordar, nossas bombas e mísseis se seguirão"), que tem ceifado a vida de milhões de pessoas somente nas últimas duas décadas.

"Os neocons belicistas estão fazendo exatamente o que tiveram que parar de fazer em 2016, quando a vitória de Trump destruiu seus satânicos preparativos para a guerra com a Rússia... Depois houve muitos que afirmaram que Trump era perigoso', diz Hall Turner, um apresentador de rádio americano. Este louco senil vai ser a ruína de todos nós', diz Biden.

64

Presumivelmente não precisamos explicar o que isto diz sobre o estado mental dos líderes europeus, que ficaram tão chocados quando este "meio-bronzeado" belicista conseguiu lutar contra o Trump que eles desprezavam fora da Casa Branca, nem parecem se importar com o que acontece com você, comigo e com centenas de milhões de outras pessoas.

Capítulo 10: Agenda 21 resumida

O estado nacional, a liberdade e sua voz estão sendo sufocados". - "Somente a resistência das massas será capaz de impedir que este plano anti-humano seja decretado".

Café Weltschmerz publicou uma entrevista com um conhecido especialista americano de primeira linha na Agenda 21, que pode ser resumida como uma tomada de poder que eventualmente subjugará o mundo inteiro a uma ditadura comunista tecnocrática na qual indivíduos e povos não terão nenhuma palavra a dizer, inclusive sobre sua própria saúde e vida. A próxima fase deste golpe de fato contra nossa liberdade, democracia e direito à autodeterminação começou com a decepção pandêmica do medo de Covid-19.

O Café Weltschmerz não publica "O objetivo oculto subjacente à queda de nossa sociedade" por nada - danos que estão sendo realizados de propósito também pelo governo europeu.

Rosa Koire, diretora executiva do Instituto Pós-Sustentabilidade e especialista em uso da terra e direitos de propriedade, que fez discursos em todo o mundo, foi entrevistada pelo jornalista independente Spiro Kouras (Posto Ativista). Democratas Unidos Contra a Agenda21 da ONU, um site inacessível no momento em que foi escrito, tem uma coleção de seus trabalhos.

Koire é também o autor de "Behind the Green Mask: The United Nations Agenda 21". Em 1992, 178 países, incluindo o Vaticano, aprovaram a Agenda 21. Uma elite do poder globalista busca o controle total de toda a terra, água, vegetação, minerais, construção, meios de produção, alimentos e energia com este propósito. Este controle total deve se estender à aplicação da lei, educação, informação e ao próprio povo.

Agenda 2030: um primeiro passo para a abolição do Estado-nação e da liberdade

Grandes somas de "dinheiro" também devem ser transferidas de países desenvolvidos para países em desenvolvimento. No final, trata-se de roubar-lhe o direito de ter uma voz e um governo representativo. "Governos nacionais se transformam em burocracias". Sua capacidade de ser livre e auto-suficiente está sendo sistematicamente corroída. A idéia é transferir a autoridade dos governos locais e dos indivíduos para uma estrutura de governança global.

É um esquema para desestabilizar e destruir o sistema atual. É uma estratégia de transformação e controle, e é isso que estamos vendo agora mesmo".

A Agenda 2030, como 2020, 2025, e 2050, é apenas um passo à frente na Agenda 21. Este esquema nefasto deve ser realizado até 2050, com a ajuda e assistência de grandes personalidades globalistas como Ford, Rockefeller, Soros, Gates, Zuckerberg, Musk, o Papa, e, por último mas não menos importante, Rothschild. Todos os Estados-nação serão eliminados até 2050, com a população mundial concentrada em algumas megacidades que podem envolver nações e países inteiros (assim como a Holanda, juntamente com a Bélgica e o Ruhr alemão, vai se tornar uma grande cidade).

"Isto se destina a sufocar seu poder de controlar o que lhe acontece". É uma estratégia mundial, mas está sendo implementada de diversas maneiras ao redor do mundo". Isto é feito de propósito para atrair a atenção das pessoas para longe dos objetivos genuínos.

Na verdade, a Agenda 21 abrange tudo o que é referido como "verde" ou "desenvolvimento sustentável". Isto inclui a "mudança climática", que engloba todos os acordos e esforços climáticos, assim como a Covid-19. Uma questão global requer uma resposta global', argumentam eles. Isto requer uma governança global'.

A mudança climática e a pandemia corona têm "a intenção de empurrar as pessoas para o pânico, tão ruim que você literalmente se preocupa em não sobreviver", de acordo com os autores. Segundo Koire, a existência ou não de um problema climático é irrelevante. É tão eficaz que teria sido inventado independentemente (de fato, é inventado, concebido, no início dos anos 90, que está literalmente escrito em documentos da ONU).

O "Grande (Verde) Reset" está em andamento.

Skouras menciona então o "Great (Green) Reset (Grande (Verde) Reset" do Fórum Econômico Mundial, que foi anunciado em Davos. Não quero soar alarmista', responde Koire, mas ela teme que este 'reset' esteja agora sendo feito, independentemente do custo para as pessoas e a sociedade. Eles estão, no entanto, mantendo suas Máscaras Verdes, uma vez que, uma vez removidas, as botas e trincheiras do Exército são mostradas". Muito literalmente.

Chegamos agora a uma posição em que as pessoas no poder não estão preocupadas com os protestos e as preocupações do público. É como se estivessem nos enviando uma mensagem de que não querem mais saber de nós". Embora pareça que não há muito mais que possamos realizar, Koire sente que ainda é possível.

A tecnologia avançou ao ponto de dois objetivos principais, a vida eterna e a capacidade de construir sua própria existência, agora estão ao alcance de todos. Estas pessoas não têm limites éticos, o que é bastante preocupante. Você viu isso com os nazistas, Stalin, e agora com a atual administração. Não há nada que possa ser feito para deter estas pessoas".

Tudo e todos estarão conectados à Internet.

Tudo e todos estarão conectados digitalmente na "Quarta Revolução Industrial" que eles já colocaram em movimento.

Eles estão discutindo um novo pacto social. Na maioria dos casos, ambas as partes de um contrato têm algo a dizer sobre ele. No entanto, este é um contrato no qual nenhum de nós tem voz. Uma das causas para o pânico nas ruas é por causa disso. Isto é porque é um aviso, uma mensagem para nós: "Isto é o que acontecerá com você se tomar as ruas e desafiar nosso plano".

As pessoas me perguntam: "Quem é que nos está torturando? Esse é o governo com o qual você está lidando. O governo de seu país foi tomado". Está sendo feita uma tentativa de incitar uma insurreição com o apoio de grupos e movimentos como o Antifa e o Black Lives Matter.

"Estamos sendo atacados". Este foi o catalisador para a deserção de Koire do Partido Democrata. No entanto, os partidos são meramente uma diversão. O poder não conhece nenhum partido no topo. Todos os meios disponíveis estão sendo utilizados nesta conquista globalista do poder.

O plano é interromper e interromper novamente, e isso é exatamente o que está acontecendo agora mesmo.

Esta é uma estratégia bastante bem sucedida para destruir a coesão social".

A desconstrução individual é referida como "transformação".

Transformação" é uma palavra mágica comumente usada na educação, na economia, na aplicação da lei e na sociedade. Na realidade, transformação é o desmantelamento do indivíduo, de qualquer estrutura 'antiga', como sua família, sua 'velha' visão ou sua fé... É uma abordagem psicológica que desconstrói sua personalidade antes de reconstruí-la (de acordo com seus novos critérios)".
A palavra "racismo institucional" nada mais é do que um pretexto para destruir sua mente. Foi empregada por Mao Tse Tung, Sung, e pelos nazistas. É um método de desmantelamento de sua individualidade para recriá-lo como um novo ser humano, um novo cidadão do mundo'.

A.I. e os seres humanos devem se tornar um só.

A inteligência artificial (A.I.) também desempenha um papel neste processo. Uma força policial A.I. (global) está a caminho e não será formada por pessoas. Os drones também serão eventualmente controlados pela inteligência artificial e não por humanos. "Acho que não preciso explicar isso, porque então você está em uma situação realmente perigosa". Em Cingapura, robôs inteligentes estão sendo cada vez mais usados para impor a separação social, enquanto a Nova Zelândia revelou recentemente seu primeiro policial de I.A.

Este é fundamentalmente um objetivo anti-humanitário, onde eles querem integrar inteligência humana e máquina (IA)", disse Skouras.

Todos têm sido marcados como possíveis inimigos uns dos outros sob as medidas da Covid-19. A premissa é que mesmo seus familiares e amigos mais próximos não são mais dignos de confiança. Ao mesmo tempo, nossa saúde está se deteriorando, segundo Koire, que é um componente chave do plano da Agenda 21. Este é o plano do governo para inventariar e controlar tudo, incluindo seu DNA (portanto, a insistência do governo em que o maior número possível de pessoas seja testado para o Covid-19, o que permitirá que seu DNA seja extraído e armazenado imediatamente)".

Você deve 'provar' que é um cidadão leal e obediente que é 'digno' de continuar vivendo na nova ordem com base em seu 'status de crédito social', como na China e logo nos EUA e Europa. É claro que o sistema vem fazendo isso há muito tempo, favorecendo seletas pessoas brilhantes, que são então forçadas a pagar o preço. O sistema chinês será implementado em todo o mundo.

Vacina para o despovoamento

"Nos anos 90, os chineses também prometeram colaborar com os EUA em uma vacina contra o despovoamento". Isso é algo que eles realmente fizeram? Essa vacina está atualmente disponível, e está sendo "vendida" à humanidade sob um novo nome (talvez a vacina Covid-19?)? O despovoamento é um aspecto integral do plano', em qualquer caso. Você deve ser 'separado' e realocado se se descobrir que não tem valor suficiente e/ou está ocupando muito espaço, usando muita energia, água ou terra.

"Este é o cerne da agenda da mudança climática". A agenda da União Européia sobre a mudança climática tem tudo a ver com a mudança climática, e os agricultores europeus estão bem cientes disso, já que suas vidas e seu trabalho estão sendo cada vez mais impossibilitados pelo governo europeu, que está ocupado em transformar todos os pontos da Agenda 21 em política, independentemente do custo para a prosperidade e o bem-estar de nosso país.

A grande maioria da humanidade será forçada a viver em megacidades ("multiculturais"), onde cada elemento de nossa vida será monitorado e controlado 24 horas por dia, 7 dias por semana, 365 dias por ano. Esta abordagem essencialmente tirará toda a sua liberdade. E isto não é algo que acontecerá no futuro; é algo que já está acontecendo. Portanto, isto não é algo que vai acontecer em 2030 ou 2050. 2020 é um ano extremamente significativo. Muitas destas estratégias já estão sendo implementadas em uma escala regional".

A conscientização é o primeiro passo; a ação é o segundo".

Ainda é possível acabar com isso? O primeiro passo da resistência é a conscientização", explica Koire. O segundo passo é tomar medidas". As pessoas precisam reconhecer que fomos socializados para sermos passivos e acreditar que pressionar 'como' nas mídias sociais significa que estamos politicamente engajados; mas, se você não sair de sua casa, não é um ativista político. Eles pretendem declarar a oposição pública à destruição da Agenda 21 e ao plano de controle absoluto ilegal e impossível antecipadamente, e é por isso que eles estão impondo bloqueios e distanciamento social.

"E não afirme que seu governo é tão horrível que você não tem nenhum recurso". Tenho certeza de que parece assim, mas apenas porque você permitiu que ele avançasse até aqui. Não vai melhorar se você simplesmente o ignorar. É por isso que eu acredito que você deve "ocupar" seu governo (deixar, também "ocupar", "ocupar", "ocupar" ou "ocupar"). Seja responsável por seu próprio governo. Sim, estamos nas últimas etapas do jogo, e não nos resta muito tempo. Portanto, você deveria ter feito isso há muito tempo'.

As pessoas devem começar a reconhecer a Agenda 21 em suas próprias comunidades e regiões. É uma boa idéia trazê-la à tona em seu conselho local. Converse regularmente com os representantes do povo sobre ela. Cada item da agenda de sua prefeitura está quase certamente ligado à Agenda 21. Ela encoraja as pessoas a visitar seu website e ler seu livro a fim de "aprender como eles administram a opinião pública para que você não lhes cause dificuldades". Eles querem que você se sente em sua cadeira em casa".

Portanto, envolva-se, fale com pessoas e funcionários, distribua folhetos, compartilhe filmes e escreva e publique sobre isso". Porque simplesmente estar ciente da situação e não fazer nada a respeito dela não é mais suficiente. Você deve se envolver politicamente e estar disposto a aceitar que não será capaz de assumir tudo deles imediatamente". Eles querem começar a substituir a realidade por VR (realidade virtual), por exemplo, porque isso tornaria a vida muito mais agradável. No entanto, assim que você começar a fazer isso, sua vida estará terminada'. Como resultado, você deve resistir'.

Para acreditar na Wikipédia, a Agenda 21 é uma agenda anti-humana.

"Fale sobre isso onde quer que você trabalhe, onde quer que você vá". Isso irritará muita gente, e irritará você também (não mais). Mas assim seja; quer queiramos quer não, este plano é genuíno e está sendo implementado agora mesmo'. O que a Wikipedia afirma sobre a Agenda 21 é incorreto. Não é voluntário nem 'não vinculativo'. Este plano é necessário para você.... Portanto, vamos nos unir e combater isto. Todos nós devemos nos opor a ele'.

De fato", diz Skouras. Eles estão lançando isso como uma forma de melhorar e salvar o globo, o clima e o meio ambiente. Entretanto, (Plano 21 / 2030) é uma agenda anti-humana que está sendo implementada atualmente. Não queremos percorrer esse caminho obscuro para a tirania".

Capítulo 11: Drama orquestrado

Tudo para a realização da "Agenda 2030", um governo comunista totalitário global que requer a destruição da riqueza ocidental - O Alto Comissariado das Nações Unidas para os Direitos Humanos não quer que os lockdowns terminem ainda.

Em entrevista ao The Guardian, Lise Kingo, diretora executiva do Pacto Global da ONU, admitiu que existem "paralelos muito, muito aparentes" entre a crise humanitária, os protestos "anti-racistas" de e para a Matéria das Vidas Negras, e a agenda climática. Segundo Kingo, a resposta global aos bloqueios da Corona, o isolamento social e a destruição parcial da economia atual - é realmente um "ensaio geral" para o que acontecerá se for declarada uma "emergência climática global".

Ela advertiu que a situação da Corona é apenas uma "prática de incêndio" para o que está por vir. Ela disse que os chamados protestos pandêmicos, anti-racistas e climáticos fazem todos parte da "agenda de desenvolvimento sustentável" da ONU. "O único caminho a seguir é criar um mundo onde ninguém esteja em desvantagem".

A morte do violento criminoso George Floyd em Minneapolis, segundo King, demonstra que o "racismo horrível" ainda persiste. Ela prosseguiu dizendo que os "direitos humanos" estão intrinsecamente relacionados com o meio ambiente. Além disso, a mulher aconselha grandes corporações e CEOs a se tornarem "ativistas sociais", afirmando que os jovens só trabalharão para eles se a "igualdade social" for encorajada.

O Alto Comissariado das Nações Unidas para os Direitos Humanos não quer que os lockdowns terminem, mesmo que as vacinas estejam sendo lançadas

Apesar do fato de dezenas de milhões de pessoas já terem perdido seus empregos e o número estimado de mortes causadas pelos lockdowns ser 25 vezes maior que o do coronavírus, a colega de Kingo Michelle Bachelet, Alta Comissária para os Direitos Humanos, acredita que os lockdowns não devem ser levantados "muito rapidamente".

De fato, Bachelet professa ter medo da "segunda onda", que, segundo um grande número de cientistas independentes e outros especialistas, nada mais será do que propaganda "psy-op", porque a maioria das pessoas é naturalmente imune ao vírus.

As Nações Unidas pretendem utilizar a questão da coroa para "derrubar a economia fóssil".

Em abril, o Secretário Geral da ONU, António Guterres, instou o Ocidente, em particular, a usar as sanções para desestabilizar a economia "fóssil". Guterres, um marxista nato, vê a crise financeira como uma oportunidade de ouro para implementar sua visão de uma tirania comunista mundial sob a bandeira das Nações Unidas ("Agenda 2030"). Se os dólares dos impostos são usados para salvar as corporações, eles devem ser utilizados para promover empregos verdes e crescimento inclusivo e a longo prazo". Não deve salvar empresas poluidoras e intensivas em carbono, que estão ultrapassadas".

Este curso de ação resultará no desemprego de centenas de milhares, se não milhões, de pessoas somente na Europa, assim como na pobreza generalizada. Para evitar uma rebelião generalizada, o império está expropriando de fato e/ou nacionalizando várias empresas com a ajuda do governo, dando ao império controle total sobre a natureza e o futuro dessas empresas - se é que elas podem existir de alguma forma.

Ambas as agendas foram assinadas pelo governo europeu, que vem seguindo um programa ativo há anos para causar danos irreversíveis à agricultura, economia, fornecimento de energia e sociedade européia, a fim de cumprir a Agenda-2030, para a qual também foi desenvolvido o "Green New Deal" da UE.

Nossos outros livros

Confira nossos outros livros para outras notícias não relatadas, fatos expostos e verdades desmascaradas, e muito mais.

Junte-se ao exclusivo Rebel Press Media Circle!

Você receberá uma nova atualização sobre a realidade não relatada, entregue em sua caixa de entrada todas as sextas-feiras.

Inscreva-se aqui hoje:

https://campsite.bio/rebelpressmedia

CPSIA information can be obtained
at www.ICGtesting.com
Printed in the USA
LVHW051046150621
690265LV00015B/323